Jedes Jahr an Heiligabend überprüft der Weihnachtsmann seine Liste, um zu sehen, welcher Junge oder welches Mädchen besonders brav gewesen ist. Wer ganz oben auf der Liste steht, der wird nach Lappland eingeladen, um alle Rentiere, Elfen und natürlich auch den Weihnachtsmann selbst zu treffen.

Anton hatte einen fantastischen Tag in Lappland und half den Elfen, die Geschenke für die vielen lieben Mädchen und Jungen vorzubereiten.

Am frühen Morgen des Heiligen Abend wollte der Weihnachtsmann sich gerade anziehen, als er bemerkte, dass **etwas nicht stimmte.**

Sein **knallroter** Anzug war WEG!

Der Weihnachtsmann **guckte** in seinen Kleiderschrank, aber dort war sein Anzug nicht.

Dann sah er auf die Rückseite seiner Tür.

Er schaute sogar unter seinem Bett, aber sein Anzug war nirgends zu finden!

„Oh nein, wie **schrecklich**!", rief der Weihnachtsmann. „Ich kann die Weihnachtsgeschenke doch nicht **ohne meinen Anzug** ausliefern!"

Der Weihnachtsmann wollte Weihnachten nicht absagen.

Dann probierte er das Kleid von Frau Weihnachtsmann an, aber das war zu kurz.

Also probierte er einen grünen Elfenanzug an, der war aber zu klein.

Schließlich probierte er Rudolphs Lieblingsdecke aus... aber die war zu groß, kratzte zu sehr und stank ganz fürchterlich!

Der Weihnachtsmann wusste nicht, was er tun sollte.

Anton

und die Elfen durchsuchten das ganze Haus vom Weihnachtsmann. Sie schauten im Zimmer, wo das Spielzeug hergestellt wird.

Sie schauten in der Küche nach.

Sie suchten im Geschenke-Einpack-Zimmer.

Sie schauten in der Werkstatt vom Weihnachtsmann.

Sie suchten sogar in den **stinkenden** Ställen der Rentiere.

Aber der Anzug des Weihnachtsmanns war einfach **nirgends** zu finden.

Anton fielen zwei kleine Elfen auf.
Sie versteckten etwas hinter ihren Rücken.

Anton begrüßte die beiden freundlich.
„Was versteckt ihr denn da hinter euren Rücken?"

Die schuldig aussehenden Elfen holten hervor, was sie **versteckt** hatten. Es war der leuchtend rote Anzug des Weihnachtsmanns! Aber er war so miniklein wie ein Babylätzchen!

Die Elfen erklärten **Anton**, dass sie versucht hatten dem Weihnachtsmann zu helfen und seinen Anzug **waschen** wollten. Dabei sei dieser aber leider eingelaufen und geschrumpft. Nun wussten sie nicht, was sie tun sollten.

Plötzlich hatte **Anton** eine FANTASTISCHE Idee!

Anton bat die beiden Elfen, sich etwas Lametta...

...ein kleines Stück schwarzes Geschenkband...

...ein wenig glänzendes, goldenes Papier und...

...drei bunte Weihnachtsbaumkugeln zu besorgen.

Dies brachten die Elfen schnellstens in die Werkstatt des Weihnachtsmanns.

„Perfekt!", sagte Anton, als er ein riesiges rotes Stück Stoff auf den Tisch legte.

„Wir werden dem Weihnachtsmann einen brandneuen Anzug machen", sagte er.

Sie klebten das Lametta zusammen, schnürten das Band fest und schnitten das glänzende Goldpapier aus.

Dann nähten sie die glänzenden Kugeln an.

Endlich war alles fertig... aber hatten sie es noch rechtzeitig geschafft?

...wurde der Weihnachtsmann sehr überrascht, als Anton und seine beiden Helfer mit seinem brandneuen, leuchtend roten Anzug zu ihm gerannt kamen.

Der Anzug hatte Lametta am Kragen und an den Manschetten. Einen Gürtel und eine Schnalle aus glänzendem Goldpapier...

und drei wunderschöne Weihnachtsbaumkugeln als Knöpfe.

Der Weihnachtsmann war sprachlos und überglücklich.

Er probierte seinen neuen Anzug an.

Er saß PERFEKT!

HO HO HO!

Der Weihnachtsmann lächelte wieder. Und das taten auch alle Elfen, Rentiere und Frau Weihnachtsmann, denn Weihnachten kann nun doch noch stattfinden!

„Danke, ihr habt das Weihnachtsfest gerettet!", rief der Weihnachtsmann, als er in seinen Schlitten kletterte, um alle Geschenke auszuliefern. „Aber WO habt ihr eigentlich den roten Stoff gefunden?"

Anton lächelte nur, als er sich auf den Weg nach Hause machte.